BEI GRIN MACHT SICH IHR WISSEN BEZAHLT

AF143160

- Wir veröffentlichen Ihre Hausarbeit, Bachelor- und Masterarbeit

- Ihr eigenes eBook und Buch - weltweit in allen wichtigen Shops

- Verdienen Sie an jedem Verkauf

Jetzt bei www.GRIN.com hochladen und kostenlos publizieren

Die Bedeutung von Tiberius Gracchus für die Krise der römischen Republik

Ludwig Loser

Bibliografische Information der Deutschen Nationalbibliothek:

Die Deutsche Nationalbibliothek verzeichnet diese Publikation in der Deutschen Nationalbibliografie; detaillierte bibliografische Daten sind im Internet über http://dnb.d-nb.de abrufbar.

ISBN: 9783346577665
Dieses Buch ist auch als E-Book erhältlich.

© GRIN Publishing GmbH
Nymphenburger Straße 86
80636 München

Druck und Bindung: Books on Demand GmbH, Norderstedt Germany
Gedruckt auf säurefreiem Papier aus verantwortungsvollen Quellen

Das Buch bei GRIN: https://www.grin.com/document/1168139

Sommersemester 2020
Ludwig-Maximilians-Universität München
Historisches Seminar
Abteilung für Alte Geschichte
Basiskurs: Eine Republik der Verschwörungen? Politische Konflikte im Rom des ersten Jahrhunderts vor Christus

HAUSARBEIT

Thema der Arbeit:

Die Bedeutung von Tiberius Gracchus für die Krise der römischen Republik

Name: Ludwig Loser

Studienfachkombination: Geschichte / Soziologie
Semesterzahl: 2

Abgabetermin: 07. September 2020

Inhalt

Anhang

Quellenverzeichnis

Literaturverzeichnis

A. Das kurze Leben des Tiberius Gracchus und die dazu vorhandene Quellenlage

162 v. Chr. wurde Tiberius Sempronius Gracchus als Sohn des gleichnamigen Tiberius Sempronius Gracchus und seiner Frau Cornelia in Rom geboren. Er ging als jener römische Politiker, der am vehementesten für die Belange der Armen eintrat, in die Geschichte ein, doch wie schon Karl Christ schrieb, „ist freilich immer zu berücksichtigen, dass auch die führenden popularen Politiker (jene, die sich auf den Volkswillen beriefen und in ihrer Politik über die Volksversammlung agierten) in der Regel von Haus aus Angehörige des Adels waren, die sich lediglich zu Stimmführern der Plebs aufwarfen."[1] Und eine vornehmere Herkunft hätte der junge Tiberius kaum haben können. Der ältere Tiberius war Konsul der Jahre 177 und 163 gewesen; Cornelia gilt als die Frau der römischen Geschichte, über die sich am meisten Quellenberichte finden lassen[2] und war die Tochter des berühmten Hannibal-Bezwingers Scipio Africanus. Der österreichische Althistoriker Herbert Heftner meint dazu: „Vor dem Hintergrund dieses familiären Umfelds musste der Wunsch nach einer möglichst glänzenden Bewährung in Politik und Krieg ganz von selbst den beherrschenden Platz im Denken des jungen Tiberius Gracchus einnehmen."[3]

Als Sohn aus gutem Hause nahm er bereits als 15-jähriger unter dem Kommando seines Onkels Scipio Aemilianus an der finalen Zerstörung Karthagos 147 v. Chr. teil und bestritt schneller als andere die Ämterlaufbahn (cursus honorum). Zum wichtigen Wendepunkt in Tiberius' Leben wurde die schmachvolle Niederlage der Römer bei Numantia 137 v. Chr., bei der er als Quästor von Hispanien die Kapitulation unterzeichnen musste. Plutarch vermutet, dass dadurch bis zu 20.000 römische Soldaten gerettet werden konnten[4], der Senat fasste den nach dem unterlegenen Feldherrn benannten Mancinus-Vertrag trotzdem als schweren Verrat auf. Möglicherweise wurde Tiberius durch diese frühe Schmach „bei seinem politischen Handeln deutlich risikobereiter"[5] als andere Politiker und verspürte den Druck, seinen beschädigten Ruf durch volksfreundliche Reformen zu bereinigen. Durch seinen Bruder Gaius ist überliefert, dass er während den Feldzügen in Hispanien erstmals die Probleme auf

---

[1] Christ, Karl, *Krise und Untergang der römischen Republik*, Darmstadt 1979, S.147
[2] vgl. Ungern-Sternberg, Jürgen von, *Römische Studien: Geschichtsbewusstsein, Zeitalter der Gracchen, Krise der Republik*, München 2006, S.227
[3] Heftner, Herbert, *Von den Gracchen bis Sulla: die römische Republik am Scheideweg 133-78 v. Chr.*, Regensburg 2006, S.43
[4] vgl. Plutarch, *Tiberius Gracchus*, 5 In: Plutarch, *Große Griechen und Römer, Band 6*, übersetzt und kommentiert von Konrat Ziegler, Zürich 1965 [im Folgenden abgekürzt als „ZI"], S.244-245, In: ZI S.241
[5] Linke, Bernhard, *Die römische Republik von den Gracchen bis Sulla*, Darmstadt 2012, S.41

dem Land zu Gesicht bekommen haben soll[6] und den Entschluss fasste, mit seiner Politik die Lage der Landbevölkerung verbessern zu wollen. Tiberius Gracchus wurde schließlich zu einem der Volkstribune für das Amtsjahr 133 gewählt und erwies sich sogleich als umtriebig, indem er das das Ackergesetz *Lex Sempronia Agraria* einbrachte. Bernhard Linke sieht darin, dass Tiberius nun seine politische Karriere statt auf militärischen Erfolgen, wie es die meisten ehrgeizigen Römer versuchten, auf der Lösung kontroverser innenpolitischer Probleme aufbauen wollte, eine „für römische Verhältnisse fast revolutionäre politische Strategie"[7]. Das Gesetz führte schließlich durch seinen Inhalt, vor allem aber durch die Umstände seines Erlasses zu einer großen politischen Krise, an deren Ende Tiberius und zahlreiche seiner Anhänger ermordet wurden.

Zahlreiche spannende Fragen werden durch diese skandalvolle Episode der römischen Geschichte aufgeworfen. Einmal ist zu untersuchen, inwiefern das Ackergesetz wirklich Probleme der Republik hätte lösen können und ob sich darin die von den Gegnern befürchteten revolutionären Tendenzen wiederfanden. Natürlich ist die infrage zu stellen, ob der adlige Tiberius bei seinen Reformansätzen ernsthafte altruistische Ziele hatte oder ob vielmehr auch persönliche und machtpolitische Beweggründe von ihm und seinen Anhängern eine Rolle spielten. Zuletzt muss analysiert werden, wie der politische Konflikt um die Abstimmung zum Gesetzesvorschlag so eskalieren konnte, dass es zum brutalen Mord an Tiberius kam, der einen Wendepunkt in der innenpolitischen Geschichte der Republik markiert.

Die Forschung zu Tiberius Gracchus muss sich vornehmlich auf zwei griechische Autoren stützen. Plutarch (45-120 n.Chr.) stellte in seinem Hauptwerk *Bioi parálleloi* (Parallelbiographien) große Römer und Griechen einander gegenüber. Tiberius und sein Bruder Gaius werden hier mit den spartanischen Reformkönigen Agis IV. und Kleomenes III. verglichen, die ihre Ambitionen, eine Bodenreform durchzuführen, ebenfalls mit dem Leben bezahlen mussten. Appian (circa 90-160 n.Chr.) geht im ersten Buch des zweiten Teils von seinem umfassenden Werk *Rhomaika* (Römische Geschichte) umfassend auf die Gracchen ein. Beide Autoren hatten einen großen zeitlichen Abstand zu den Geschehnissen und gelten auch nach antiken Maßstäben nicht als die seriösesten Historiker. Plutarch war in erster Linie Biograph und wollte in seinen Parallelbiographien gute und schlechte Moralvorstellungen vermitteln. Appian wird z.B. von George Kelly Tipps als ein „second-rate historian [...] [and] dilettante"[8] kritisiert. Dieser amerikanische Historiker hat in seiner Dissertation 1971 eine

---

[6] vgl. Plutarch, *Tiberius Gracchus*, 8 In: ZI, S.244-245
[7] Linke, Ebd. S.40
[8] Tipps, George Kelly, *The practical politics of Tiberius Gracchus*, Ann Arbor 1972, S.24

4

umfassende Studie dazu vorgelegt, für wie vertrauenswürdig die beiden Hauptquellen zu halten sind und auf welche verloren gegangenen Schriftstücke ihre Autoren zurückgegriffen haben könnten.[9]

Die römischen Autoren, die die Gracchen in erhaltenen Fragmenten erwähnen, verdammen sie alle als revolutionäre Zerstörer, die sich in ihrem Machtstreben über die Gesetze der Republik hinweggesetzt haben. Für Velleius Paterculus beispielsweise „led [Tiberius] his country into terrible dangers."[10] Der als Optimat, also als Unterstützer eines starken Senats, geltende Cicero bewertete jegliche politische Hilfe für die Armen als verwerflich[11] und sah in Publius Cornelius Scipio Nasica Serapio, der die Ermordung des Tiberius anstachelte, den Retter des Vaterlands und ein Vorbild für sein eigenes Vorgehen gegen politische Kontrahenten.[12]

---

[9] vgl. Tipps, George Kelly, Ebd. S.11-32
[10] Velleius Paterculus, 2.2.2 In: Stockton, David L., *From the Gracchi to Sulla: sources of Roman history 133-80 BC*, London 1991 [im Folgenden abgekürzt als „ST"], S.24
[11] vgl. Ungern-Sternberg, Ebd. S.258
[12] vgl. Cicero, *de domo*, 91, In: ST S.25

B. Die Bedeutung des Tiberius Gracchus für die Krise der römischen Republik

B.1. Die sozialen Probleme der expandierenden Republik und die Ideen der Ackergesetzgebung

Mit seiner *Lex Sempronia Agraria* strebte Tiberius nicht etwa eine totale Umverteilung und Enteignungen im gesamten römischen Herrschaftsgebiet an, wie man es aufgrund der folgenden Eskalation vermuten könnte. Sein Plan für eine Landreform bezog sich ausschließlich auf den sogenannten *ager publicus* (öffentlicher Acker). Dieser war durch die Annexion von Territorien der unterworfenen italischen Stämme entstanden[13]. Es handelte sich dabei gemäß Appian um brachliegende, eroberte Gebiete, für die der römische Staat die Erlaubnis zur Bewirtschaftung bei Abgabe von einem Zehntel der Getreideernte, einem Fünftel der Früchte und einer bestimmten Menge Vieh gab. Wie Plutarch schreibt, war der *ager publicus* von Beginn an ein soziales Programm, nämlich fruchtbaren Grund „bedürftigen Bürgern […] gegen eine geringe Abgabe an die Staatskasse zur Nutzung zu überlassen."[14] Anstatt zur Entstehung von einer Vielzahl an prosperierenden Kleinbauernhöfen kam es jedoch dazu, dass „die Reichen […] den Großteil dieses nicht aufgeteilten Landes in Besitz [nahmen] und […] im Laufe der Zeit die kühne Meinung [vertraten], dass niemand mehr ihnen dieses abnehmen könne."[15] Diese wohlhabenden römischen Bürger konnten ihre ausgedehnten Felder durch Sklaven bewirtschaften lassen, die als Unfreie nicht zum Kriegsdienst eingezogen wurden und somit das ganze Jahr als billige Arbeitskräfte zur Verfügung standen.[16] Die freien Kleinbauern verarmten hingegen durch die hohe Abgabenlast und die Teilnahme an verlustreichen Feldzügen, bei denen sie kaum an der Beute beteiligt wurden. So mussten sie ihre Ländereien aufgeben und zogen auf der Suche nach Arbeit oft mittellos Richtung Rom. Plutarch schrieb über die fatalen Folgen der Verdrängung der Kleinbauern für das römische Gemeinwesen. Die Armen „taten ihre Soldatenpflicht nur noch mit Widerwillen und zeigten auch keine Lust mehr, Kinder großzuziehen"[17], das heißt es drohte es zum Ungleichgewicht zu kommen zwischen immer weniger römischen Bürgern und

---

[13] vgl. Christ, Ebd. S.117
[14] Plutarch, *Tiberius Gracchus*, 8, In: ZI S.243
[15] Appian, *Rhomaika*, 2.1.7, In: Appian, *Römische Geschichte, Zweiter Teil: Die Bürgerkriege*, übersetzt von Otto Veh, eingeleitet und erläutert von Wolfgang Will, Stuttgart 2019 [im Folgenden abgekürzt mit „VW"], S.17
[16] vgl. Appian, *Rhomaika*, 2.1.7, In: VW S.17
[17] Plutarch, *Tiberius Gracchus*, 8, In: ZI S.244

immer mehr Sklaven. Dass diese Befürchtung nicht illusorisch war, zeigte sich erstmals wenige Jahre vor der *Lex Agraria*, als 135 v. Chr. eine „organized slave army of possibly 70,000 or more"[18] unter Eunus erst nach drei Jahren von den römischen Streitkräften besiegt werden konnte. Die Subsistenzwirtschaft als Kleinbauer war aber „wohl zu keiner Zeit eine sonderlich attraktive Lebensweise"[19], was von den gracchenfreundlichen Autoren vermutlich bewusst ausgelassen wurde. Die Tatsache, dass die Migration nach Rom mit der dortigen Existenz als städtischer Handwerker oder Händler auch ein sozialer Aufstieg sein konnte, hätte nicht zur Bauernromantik gepasst.

Die Gesetzesinitiative des Tiberius enthielt gemäß Appian die Begrenzung des Landbesitzes am *ager publicus* auf 500 *iugera* pro Person, was ungefähr 125 Hektar entspricht, jedoch mit zusätzlich 250 *iugera*, die je Kind behalten werden dürften.[20] Über die genauen Zahlen, z.B. darüber, ob das Land für den Nachwuchs auf zwei bis drei Kinder begrenzt war, , sind sich die Historiker sehr uneinig. Durch den Verlust des Gesetzestextes lassen sie sich auch nicht mehr exakt rekonstruieren. Aber auch mit 500 *iugera* wären die Besitzer jedenfalls weiterhin reich geblieben, wenn man bedenkt, dass eine Einzelperson mit antiken Methoden nur 8 *iugera* Land bestellen konnte.[21] Das abgenommene Land sollte die Ackerkommission zu bis zu 30 *iugera*[22] unter den besitzlosen Bürgern aufteilen mit dem Verbot des Verkaufs an die Großgrundbesitzer. Die vom Gesetz negativ betroffenen „Reichen" scheinen kreativ darin gewesen zu sein, Ungerechtigkeiten der *Lex Agraria* zu monieren. Sie beklagten unter anderem, dass sie das Land als Mitgift für die Töchter oder zur Absicherung von Anleihen bräuchten sowie dass ihnen auch getätigte Eigenleistungen enteignet würden.[23]

Plutarch behauptet kühn, dass „wohl nie ein Gesetz, das gegen so schreiendes Unrecht und gegen solche Habgier sich wandte, in mildere, schonendere Form gefasst worden"[24] sei. Er präsentiert seinen Lesern Tiberius als vollumfänglich vorbildlichen Politiker, der sich für die unterdrückten Massen einsetzt. Im Wortlaut ist bei ihm eine Rede erhalten, die als Klassiker antiker Rhetorik gilt, in der Tiberius die besitzlosen römischen Bürger mit den wilden Tieren Italiens in Verbindung setzt. Die Schande sei, dass die Tiere alle ihre Höhlen als Unterschlupf hätten, während die armen Menschen trotz ihrer heldenhaften Teilnahme an den römischen Feldzügen ohne Besitz blieben. „Herren der Welt werden sie genannt und haben nicht eine

---

[18] Tipps, Ebd. S.104
[19] Ungern-Sternberg, Ebd. S.252
[20] vgl. Appian, *Rhomaika*, 2.1.11, In: VW S.20
[21] vgl. Tipps, Ebd. S.164
[22] Christ, Ebd. S.124
[23] vgl. Appian, *Rhomaika*, 2.1.10, In: VW S.19
[24] Plutarch, *Tiberius Gracchus*, 9, In: ZI S.245

Scholle Land zu eigen"[25]: So umfasst Tiberius die Lebenssituation der Besitzlosen, denen durch seine Reform geholfen werden soll. Daher schreibt Plutarch allen Gegnern der Umverteilung Habgier, Zorn und Eifersucht als Motivationen zu.[26]

In seiner Argumentation für die senatorische Klasse versuchte Tiberius auch die Nachteile der Sklavenwirtschaft für den römischen Staat darzulegen, indem er diese als illoyal gegenüber ihren Herren und nutzlos für künftige Eroberungsfeldzüge schalt.[27] Harriet Flower beschreibt dies als intelligente rhetorische Strategie „rather than attacking the rich who had taken public land […] why not blame the slaves themselves?"[28], also die Agitation auf die unfreie Bevölkerungsgruppe zu verlagern, die ohnehin ohne jegliches politische Gewicht in Rom war.

Appian zeigt sich generell etwas kritischer als Plutarch und bezieht auch mögliche außenpolitische Motive mit ein. So schreibt er beispielsweise: „Was Gracchus bei seinem Plan im Sinne hatte, betraf nicht Geld, sondern die Fülle tüchtiger Männer."[29] Schließlich schuf erst Gaius Marius mit seiner Heeresreform 104 v. Chr. eine Berufsarmee; im Zeitalter der Gracchen waren die Legionärsarmeen und somit der Eroberungsdrang Roms auf selbstständige, besitzende Bürger angewiesen, die ihre Ausrüstung bezahlen konnten. Auch Harriet Flower kommt in ihrer aktuellen Untersuchung zur Kommunikation des Tiberius zu dem Schluss, dass er seine sozialreformatorischen Ideen geschickt mit konservativen Standpunkten verband und „appeal[ed] to traditional Roman ideals including life on the land, republican values of community [and] military service by citizen soldiers whose farms represent their stake in society"[30]. Dieser Aspekt wurde in vielen wissenschaftlichen Abhandlungen allzu oft übersehen.

Wie schon erwähnt, sind die Schriften der gracchenfeindlichen römischen Autoren leider kaum erhalten. Der berühmte Cicero macht mit seiner Zustimmung zum Argument „to remove the rich from their long-held possessions was to rob the state of ist defenders."[31] aber deutlich, dass es die Auffassung gab, dass die Ackerreformen hochgradig bedrohlich für das römische Staatswesen seien.

Die große Mehrzahl der modernen Historiker bewertet die *Lex Agraria* aber als erstaunlich moderat. So lobt George Kelly Tipps die Gesetzesvorlage als „hardly revolutionary" und

---

[25] Plutarch, *Tiberius Gracchus*, 9, In: ZI S.246
[26] vgl. Plutarch, *Tiberius Gracchus*, 9, In: ZI S.245
[27] vgl. Appian, *Rhomaika*, 2.1.10, In: VW S.19
[28] Flower, Harriet, *Beyond the Contio: Political Communication in the Tribunate of Tiberius Gracchus*, In: Steel, Catherine / van der Blom, Henriette, *Community and Communication: Oratory and Politics in Republican Rome*, Oxford 2013, S.12
[29] Appian, *Rhomaika*, 2.1.11, In: VW S.20
[30] Flower, Ebd. S.3
[31] Cicero, *pro Sestio*, 103, In: ST S.18

„reasonable to the rich and potentially more effective for the poor"[32] Nur wenige, wie Karl Christ, der bemerkt, dass die Investitionen der Latifundienbesitzer (Großgrundbesitzer mit Arbeitssklaven) nicht genügend Berücksichtigung fanden und „echter Privatbesitz und ager publicus [...] sich gar nicht mehr in allen Fällen auseinanderziehen"[33] ließen, erkennen gegnerische Argumente an.

Vergessen wird oft, dass es bereits 367 v. Chr. durch die *Leges Liciniae Sextiae* rechtliche Beschränkungen der Ackernutzung gegeben hatte.[34] Die damaligen Volkstribunen hatten aber vermutlich nicht den Eifer und die Durchsetzungsfähigkeit des Tiberius gehabt, sodass ihre Bestimmungen kaum eingehalten worden waren. Auch Gaius Laelius hatte als Konsul 140 v. Chr. ähnliche Pläne zur Verbesserung der Lage der Bauern gehabt, war aber am Widerstand des Senats gescheitert.

---

[32] Tipps, Ebd. S.169
[33] Christ, Ebd. S.125
[34] vgl. Christ, Ebd. S.117-119

B.2 Das kontroverse politische Vorgehen des Tiberius Gracchus als Bruch mit der alten Ordnung

Die sozialpolitischen Ideen von Tiberius Gracchus besaßen zweifelsohne große Popularität beim römischen Volk und hätten die Grundlage für eine glorreiche politische Laufbahn bilden können. Da die republikanische Elite aber stets darauf bedacht war, nicht zu viel Macht in die Hände eloquenter Einzelpersonen zu legen, hatten sich in der politischen Kultur Roms eine Reihe von Prinzipien etabliert, die Tiberius missachtete. So sollten unter anderem die Annuität, die Ausübung eines Amtes beschränkt auf ein Jahr, und die Kollegialität, bezogen auf das Recht von parallelen Amtsinhabern, Vorlagen der Kollegen zu blockieren, gewahrt bleiben. Mit dem „Vorstoß gegen die ungeschriebene Verfassung"[35] – die Römer „adhered to no written constitution"[36] - brachte Tiberius den Senat, aber auch das Volk, gegen sich auf. Die Frage ist, warum er dies tat und nicht auf die langfristige Überzeugungskraft seiner Ideen vertraute. Wollte er wirklich die alte Ordnung der Republik stürzen, wie seine Gegner es ihm vorhielten?

Als Tiberius sein Gesetz in die Volksversammlung einbrachte, legte ein anderer Volkstribun namens Marcus Octavius sein Veto gegen die Verlesung ein. In Plutarchs Darstellung ist dieser Octavius, über den abseits von seiner Agitation gegen die *Lex Agraria* nichts bekannt[37] ist, was ihn als Handlanger des Senats erscheinen lässt, ein eigentlich enger Freund des Tiberius, der aber aufgrund der persönlichen Betroffenheit als Großgrundbesitzer gegen das Gesetz opponierte.[38] Plutarch stellt Tiberius auch in seinem Handeln in der Volksversammlung in äußerst positivem Licht dar. Tiberius versucht nicht etwa, das Volk gegen Octavius aufzuwiegeln, sondern ist sich dessen Unterstützung sicher, versucht aber gnädig Octavius davon zu überreden, freiwillig zurückzutreten, bevor er durch einen Abwahlantrag seines Amtes enthoben werden würde. Dazu „umarmte und küsste [er] Octavius vor allem Volk und flehte ihn an, eine derartige Schande doch nicht gleichgültig hinzunehmen und ihm nicht die Verantwortung für eine so schwere und harte Maßnahme aufzubürden"[39] und nimmt somit trotz seiner Machtposition eine extrem unterwürfige Stellung ein. Die absolute Mehrheit der Tribi der Volksversammlung stimmt schließlich für die Absetzung von Octavius.[40] In der von Plutarch überlieferten Rede begründet Tiberius sein

---

[35] Bringmann, Klaus, *Krise und Ende der römischen Republik (133-42 v. Chr.)*, Berlin 2003, S.152
[36] Tipps, Ebd. S.152
[37] vgl. Rieger, Hermann, *Das Nachleben des Tiberius Gracchus in der lateinischen Literatur*, Bonn 1991, S.103
[38] vgl. Plutarch, *Tiberius Gracchus*, 10, In: ZI S.247
[39] Plutarch, *Tiberius Gracchus*, 31 In: ZI S.249
[40] vgl. Plutarch, *Tiberius Gracchus*, 12, In: ZI S.248-249

Vorgehen damit, dass „ein Volkstribun die vom Volk ihm zuerkannte Unverletzlichkeit verwirkt, wenn seine Tätigkeit dem Volke schadet."[41] Hier treffen Positionen aufeinander, für die schlichtweg die niedergeschriebenen Gesetze zur rechtlichen Klärung fehlten, was als Schwäche der republikanischen Ordnung angesehen werden muss.

Die Ausführungen von Appian sind weniger dramatisch, aber stellen die Geschehnisse im selben Licht dar: Tiberius versucht Octavius „mit Schmeichelworten"[42] zur Aufgabe seines Amtes zu bewegen. Als er dies nicht tun will, stimmen die ersten 18 Tribi von 35 für die Absetzung und geben somit ein klares Votum für das Vorgehen des Gracchus ab.

Wieder bewerten die fragmentarisch erhaltenen römischen Quellen die Akteure ganz anders. Bei Velleius Paterculus z.B. steht Octavius für das „common good"[43] gegenüber den „pernicious plans"[44] eines machtgierigen Tiberius. Als ehrbarer Mann wird Octavius auch bei Cicero dargestellt, der seine Zähigkeit gegenüber Tiberius bewundert.[45] Leider ist keine Quelle vorhanden, die das von den beiden Griechen beschriebene unterwürfige, selbstlose Verhalten des Gracchus in ein anderes Licht rücken könnte.

Kurz nach der Absetzung des Octavius wurde bekannt, dass Rom nach dem Tod des Attalos III. das Reich Pergamon als Erbe erhielt. Dass ein ganzes Reich einfach vererbt wurde, der König also eine Verteidigung gegen potenzielle römische Angriffe als aussichtslos erachtet hatte, zeigt, wie enorm die Macht Roms im Jahre 133 v. Chr. war. Tiberius wollte nun seine Reform durch die Einnahmen aus dem pergamenischen Erbe finanzieren. Das Geld sollte der auf seinen Vorschlag hin aus drei hohen Männern gewählten Ackerkommission für den Erwerb von Gerätschaften für die Neubauern zur Verfügung gestellt werden.[46] Damit „drohte dem Senat [der regulär über die Außen- und Finanzpolitik entschied] die völlige Marginalisierung durch die Volksversammlung"[47] Die Umgehung des Senats war aber nach keinem Gesetz illegal, sondern wohl „totally within his rights under the terms"[48]. Das als legitim erachtete politische Handeln, das Tiberius brach, war erneut nur „guided by custom and tradition."[49]

Nährboden für den Verdacht einer familiären Verschwörung gab natürlich die personelle Zusammensetzung der Ackerkommission. Dort amtierten neben Tiberius selbst sein Bruder

---

41 Plutarch, *Tiberius Gracchus*, 15, In: ZI S.253
42 Appian, *Rhomaika*, 2.1.12, In: VW S.21
43 Velleius Paterculus 2.2 In: ST S.24
44 Velleius Paterculus 2.3 In: ST S.25
45 vgl. Cicero, *Brutus* 95, In: ST S.22
46 vgl. Plutarch, *Tiberius Gracchus*, 14, In: ZI S.251
47 Blösel, Wolfgang, *Die römische Republik. Forum und Expansion*, München 2015, S.159
48 Tipps, Ebd. S.153
49 Tipps, Ebd. S.152

Gaius Gracchus sowie Appius Claudius Pulcher, der Vater seiner Ehefrau Claudia. Herbert Heftner analysiert mit Verweis auf das römische Patronagesystem (die gegenseitige Unterstützung von reichen Patronen und ihren abhängigen Klienten), dass die Kommissionäre „durch die Vergabe öffentlichen Gutes die Scharen ihrer Klienten um Tausende von Neubauern vergrößern [hätten] können"[50] Den abgesetzten Volkstribunen Octavius ersetzte Tiberius in Plutarchs Version gar durch einen eigenen Klienten namens Mucius[51], bei Appian wurde ein gewisser Quintus Mummius[52] hinzugewählt. Allerdings rekrutierte sich die römische Elite ohnehin nur aus wenigen noblen Familien, die untereinander heirateten. Auch Scipio Nasica Serapio als Wortführer des Senats war als Cousin mütterlicherseits ein naher Verwandter des Tiberius.

Definitiv musste die durch die Sonderbefugnisse der Landverteilungskommission, die Verwendung der pergamenischen Erbschaft für deren Arbeit sowie die Absetzung eines interzedierenden Volkstribuns aufgebaute Machtbasis „auch Reformen aufgeschlossenen Senatoren beängstigend vorkommen."[53] Problematisch ist, dass sowohl Plutarch als auch Appian die Konfliktgruppen stets als die Reichen und die Armen benennen und somit den elitären Status der Gracchen verkennen und möglichen nicht ökonomisch orientierten Motiven dadurch tendenziell zu wenig Gewichtung geben.

Plutarch führt noch den Einfluss von befreundeten griechischen Philosophen und der Mutter auf Tiberius an[54], was aber als Hauptgrund für das ganze Vorgehen wenig überzeugend scheint. Es fehlt schlussendlich jegliche Evidenz dafür, dass Tiberius seit Längerem plante, die politische Ordnung Roms umzustürzen. Seine verhältnismäßig radikale Vorgehensweise wurde von ihm aber offenbar am Ende als einziger Weg angesehen, seine Stellung und den Erfolg seiner Reformen zu sichern.

Dadurch, dass der Senat die Ackerkommission auch nach seiner im nächsten Abschnitt behandelten Ermordung erst einmal bestehen lassen musste, wird deutlich, dass sich Tiberius bei seinen Ideen zur Umverteilung des *ager publicus* der Unterstützung der klaren Mehrheit des Volkes sicher sein konnte, aber sein zur Durchsetzung angewandtes Vorgehen in der Volksversammlung erlaubte es seinen Gegnern, sich als „Hüter der überkommenen Staatsordnung [zu] präsentieren."[55]

---

[50] Heftner, Ebd. S.49
[51] vgl. Plutarch, *Tiberius Gracchus*, 13, In: ZI S.250
[52] vgl. Appian, *Rhomaika*, 2.1.13, In: VW S.22
[53] Linke, Ebd. S.36
[54] vgl. Plutarch, *Tiberius Gracchus*, 8, In: ZI S.244
[55] Heftner, Ebd. S.53

B.3 Der Mord an Tiberius Gracchus als Erschütterung für die politische Kultur

Beide Hauptquellen sind sich einig, dass Tiberius nach der Absetzung des Octavius eine enorme Sorge um sein eigenes Leben hatte. Als einzige Möglichkeit, sich durch Immunität vor Anklagen zu schützen und sowohl seine Stellung als auch den Erfolg seiner Reformen zu sichern, musste ihm die Fortsetzung des Volkstribunats erscheinen. Bei Plutarch sind es seine Anhänger, die ihn dazu überreden, sich entgegen den gegebenen Gepflogenheiten zur Wiederwahl zu stellen. Zum Problem bei diesem Plan wurde, dass die Landbevölkerung aufgrund der Erntezeit nicht in der Lage war[56], gesammelt an der Wahl teilzunehmen und somit die als die „Reichen" benannten Gegner nun einen quantitativen Vorteil besaßen. Die Senatoren streuten wohl auch die Gerüchte, dass Tiberius alle anderen Volkstribune abgesetzt und sich ohne Wahl zum Tribun für das kommende Jahr erklärt habe.[57] Dieses Schüren von Ängsten vor einem Alleinherrscher war ein gewichtiges Argument in der Struktur der Republik, die auf Abgrenzung zur früheren Monarchie bedacht war.

Sowohl Appian als auch Plutarch schildern dann die Tötung von Tiberius Gracchus als bestialischen Mord durch die Männer des Pontifex Scipio Nasica Serapio, der mit dem Aufruf zur Rettung des Vaterlands anscheinend zahlreiche Unterstützer um sich scharen konnte. Bei Appian besetzt Tiberius mit seinen Anhängern das Kapitol. Es wird erwähnt, dass sich Tiberius bei seiner Ermordung an ein Heiligtum geklammert habe, ohne dass ein direkter Mörder angeführt wird. Er und zahlreiche seiner Anhänger werden mit dem Mobiliar, das für die Tribunatswahl aufgestellt worden war, brutal erschlagen und die Felswände hinuntergestürzt.[58] Bei Plutarch sind es zwei andere Volkstribune, Publius Satureius und Lucius Rufus, die ihn eigenhändig erschlagen.[59] Das Massaker – Plutarch nennt die Anzahl von dreihundert Opfern[60] - mit Knüppeln und Stuhlbeinen erscheint als unzivilisierter, barbarischer Akt. Die noblen Senatoren wollten sich offenbar als einfache Volksvertreter inszenieren, die einen bedrohlichen Tyrannen zu beseitigen haben[61]. Die Beschreibung der Ermordung muss, gerade bei den gracchenfreundlichen griechischen Autoren, als übersteigert angesehen werden. Hermann Rieger fragt sich zurecht, „wie einige mit Stuhlbeinen bewaffnete Senatoren mehrere hundert Menschen die sich sicherlich gewehrt haben werden,

---

[56] vgl. Appian, *Rhomaika*, 2.1.14, In: VW S.22
[57] vgl. Appian, *Rhomaika*, 2.1.15, In: VW S.23
[58] vgl. Appian, *Rhomaika*, 2.1.16, In: VW S.24
[59] vgl. Plutarch, *Tiberius Gracchus*, 19, In: ZI S.257
[60] Plutarch, *Tiberius Gracchus*, 19, In: ZI S.257
[61] vgl. Blösel, Ebd. S.160

in der Volksversammlung haben töten können."[62] Von Toten auf Seiten der Senatsanhänger finden sich keine Berichte, was in einem solchen Szenario unglaubwürdig erscheint.

Der Senat ließ nach dem Mord die Anhänger des Tiberius, der erst einmal als Umstürzler gebrandmarkt war, verfolgen und hinrichten. Mehr als das Verhalten des Volkstribuns muss aber das Vorgehen des Pontifex Nasica als „ein[…] bis dahin beispiellose[r] Tabubruch gegenüber elementaren Grundsätzen der römischen Politik"[63] angesehen werden.

Solange bis 146 v. Chr. die Angst vor dem großen Gegner Karthago bestand, erwies sich die Römische Republik als innenpolitisch enorm friedlich. Mit der Tötung von Tiberius Gracchus, die übereinstimmend als erster politischer Mord seit dem Ende der Königsherrschaft gewertet wird, wurde aber „der Grundkonsens innerhalb der herrschenden Adelsfamilien, der Jahrhunderte bestanden hatte, zerbrochen."[64] Die Veränderungen danach lassen viele Beobachter nicht ungerechtfertigt zu dem Schluss kommen, dass Tiberius' Vita den Anfang vom Ende der Republik markiert und zeigt, dass die alte Ordnung nicht mehr zur Lösung der drängenden Probleme geeignet war.

---

[62] Rieger, Ebd. S.132
[63] Linke, Ebd. S.36
[64] Bleicken, Jochen, *Überlegungen zum Volkstribunat des Tiberius Sempronius Gracchus*, In: Gall, Lothar, *Historische Zeitschrift* (247), S.265-293, S.265

C. Der Wandel der inneren Struktur der Republik nach dem Ende des Tiberius Gracchus

Die Sichtweise auf die römische Republik als lange Phase des Niedergangs ist vor allem in der deutschen Wissenschaft vom einflussreichen Theodor Mommsen geprägt, der 133 v. Chr. als das Jahr der Römischen Revolution benannte.[65] Der britische Historiker Ronald Syme als prominente Gegenstimme hingegen beginnt sein 1939 erschienenes Werk „The Roman Revolution" erst beim ersten Triumvirat 60 v. Chr.

Die tragische Geschichte der Gracchen setzte sich fort mit Tiberius' neun Jahre jüngerem Bruder Gaius Gracchus, der während seinem Volkstribunat 123 v. Chr. neben der Fortführung der Agrarpolitik seines Bruders eine ganze Menge weiterer volksnaher Reformen durchzusetzen versuchte. Durch eine Justizreform, die dreihundert Ritter zu Richtern erklärt hätte, sollte die judikative Macht des Senats begrenzt werden, die Latiner sollten das römische Bürgerrecht verliehen bekommen, die Getreidepreise sollten begrenzt werden. Auch er bezahlte seinen Reformeifer mit seinem Leben; nachdem er auf der Flucht von senatorischen Truppen eingeholt worden war, ließ er sich von einem Sklaven umbringen.[66] Gaius wird aufgrund der Vielzahl seiner Gesetze noch mehr eine „ausdrücklich revolutionäre Vision der Republik"[67] zugeschrieben, zu seinem Vorgehen sind aber nicht so prägnante Schilderungen erhalten wie bei seinem Bruder. Sein Tod markiert den Beginn der Liquidierung der Agrarreform. Im Jahre 121 wurde das Verkaufsverbot des *ager publicus* abgeschafft, 119 die durch die Klagen von Bundesgenossen ohnehin kaum noch handlungsfähige Landverteilungskommission endgültig liquidiert und 111 gar alle Abgaben für die Besitzer des unregulierten Staatslandes aufgehoben.[68] „[U]nd so verlor das Volk alles zugleich"[69] konstatiert Appian ernüchtert.

Nach den Gracchen wurde Rom regelmäßig von Gewaltwellen schockiert. Dazu zählen 91 v. Chr. die Ermordung des Volkstribunen Marcus Livius Drusus und der darauffolgende Bundesgenossenkrieg, 82-79 die Proskriptionen Sullas, 52 die Erschlagung des Volkstribunen Publius Clodius Pulcher und 44 der berühmte Mord am Diktator Caesar in den Iden des März. Während der zahlreichen Konflikte im ersten Jahrhundert vor Christus waren die Gracchen

---

[65] vgl. Christ, Ebd. S.2
[66] vgl. Plutarch, *Gaius Gracchus*, 38, In: ZI S.276
[67] Holland, Tom, *Die Würfel sind gefallen: der Untergang der Römischen Republik*, übersetzt von Andreas Wittenburg, Berlin 2004, S.49
[68] vgl. Bringmann, Ebd. S.162-163
[69] Appian, *Rhomaika*, 2.1.27, In: VW S.32

Figuren, die „durch ihr Schicksal immer wieder Emotionen freisetzten, die Sache der Popularen belebten, den Hass wie die politische Fantasie ihrer Gegner entzündeten."[70] Die Analyse von beispielsweise Jürgen von Ungern-Sternberg, dass „[d]ie ungelöste Agrarfrage […] mehr als alles andere die römische Republik zu Fall gebracht"[71] hat, vertritt eindeutig nur eine Minderheit der Althistoriker. Wenn alle Umstände berücksichtigt werden, kommt man mit Jochen Bleicken zum Schluss, dass „nicht die Landverteilung, sondern die sich aus ihr entwickelnde Umschichtung des politischen Entscheidungsprozesses"[72] der Katalysator für den Mord an Tiberius Gracchus und die folgenden Krisen war. Die Führer im Senat hatten fortan stets die Angst, dass eloquente Einzelpersonen durch volksnahe Politik übermäßige Macht an sich reißen könnten.

In neuerer Zeit wurden die Gracchen ähnlich wie der Sklavenanführer Spartakus von marxistischen Historikern gerne zu antiken Vorbildern stilisiert, der französische Frühsozialist Francois Noel Babeuf nannte sich gar *Gracchus Babeuf*. Eine Einordnung der Gracchen in moderne Ideologien erscheint aber nicht sinnvoll. So wurde Tiberius von verschiedenen Seiten schon „as a liberal, a democrat, a revolutionary, a political opportunist or a factionalist"[73] kategorisiert. Die Gracchen können also für fast alle Zwecke gebraucht werden, da die Unterteilung der römischen Politiker in Popularen und Optimaten sich schließlich nicht auf Parteien mit bestimmten Grundsätzen bezog, sondern nur auf die Art der politischen Machtausübung und zu wenige Quellen vorhanden sind, um die Ambitionen der Gracchen abschließend zu erklären.

---

[70] Christ, Ebd. S.149
[71] Ungern-Sternberg, Ebd. S.263
[72] Bleicken Bleicken, Jochen, *Geschichte der römischen Republik*, München 1999, S.91
[73] Tipps, Ebd. S.5

Quellenverzeichnis

Appian, *Römische Geschichte, Zweiter Teil: Die Bürgerkriege*, übersetzt von Otto Veh, eingeleitet und erläutert von Wolfgang Will, Stuttgart 2019.

Plutarch, *Große Griechen und Römer, Band 6*, übersetzt und kommentiert von Konrat Ziegler, Zürich 1965.

Stockton, David L., *From the Gracchi to Sulla: sources of Roman history 133-80 BC*, London 1991.

Literaturverzeichnis

Bleicken, Jochen, *Geschichte der römischen Republik*, München 1999.

Bleicken, Jochen, *Überlegungen zum Volkstribunat des Tiberius Sempronius Gracchus*, In: Gall, Lothar, *Historische Zeitschrift* (247), S.265-293.

Blösel, Wolfgang, *Die römische Republik. Forum und Expansion*, München 2015.

Bringmann, Klaus, *Krise und Ende der römischen Republik (133-42 v. Chr.)*, Berlin 2003.

Christ, Karl, *Krise und Untergang der römischen Republik*, Darmstadt 1979.

Flower, Harriet, *Beyond the Contio: Political Communication in the Tribunate of Tiberius Gracchus*, In: Steel, Catherine / van der Blom, Henriette, *Community and Communication: Oratory and Politics in Republican Rome*, Oxford 2013.

Heftner, Herbert, *Von den Gracchen bis Sulla: die römische Republik am Scheideweg 133-78 v. Chr.*, Regensburg 2006.

Holland, Tom, *Die Würfel sind gefallen: der Untergang der Römischen Republik*, übersetzt von Andreas Wittenburg, Berlin 2004.

Linke, Bernhard, *Die römische Republik von den Gracchen bis Sulla*, Darmstadt 2012.

Rieger, Hermann, *Das Nachleben des Tiberius Gracchus in der lateinischen Literatur*, Bonn 1991.

Tipps, George Kelly, *The practical politics of Tiberius Gracchus*, Ann Arbor 1972.

Ungern-Sternberg, Jürgen von, *Römische Studien: Geschichtsbewusstsein, Zeitalter der Gracchen, Krise der Republik*, München 2006.